インテリアの花たち
マテリアルアレンジを楽しもう

マテリアルアレンジを楽しもう

フランスで大好きな季節は?と聞かれると、街中が咲き誇った花々で、美しく飾られた初夏も好きですが、私はクリスマス時期が1番だと答えます。冬のフランスは肌を刺すような冷たい風と、どんよりした鉛色の空でちょっとつらいのですが、フラワーショップではクリスマスの1ヶ月前ともなると長く楽しめる多種多様のクリスマス商品が飾られます。この時期は生花だけでなく資材を多く使ったリース、アレンジ、花束などもディスプレーされます。地域や店によって大きくデザインがちがっていて、ショーウインドーをのぞいて歩くだけでも楽しくなります。最近では多くの資材、アートフラワー、プリザーブドフラワー、アクセサリーパーツなどが開発され、クリスマス商品も色目鮮やかになってきました。私はクリスマスの仕事が大好きです。そこで、「いつでも手軽に材料が手に入るのなら、クリスマスだけでなくてもオールシーズン楽しめ、又長期に渡って飾られるマテリアルアレンジを作ろう」とマテリアルアレンジをはじめたのです。ヨーロピアンデザインとは、美しいデザインを作り出すための考え方です。本書では生花を資材に置き換えて、ヨーロピアンデザインの理論に基づいた考え方で作品作りをしています。資材の場合、広い範囲から使用する材料を選ぶことができるので、制約を受けることなく作品作りができます。面白い形や色、質感など作品に使えそうなものは、食品、工具、ビーズ、布、紙などジャンルを問いません。
しかし、私はフローラルデザイナーなので、なるだけ天然素材と人工資材を組み合わせるようにしています。もちろん人工資材だけで作ることもできます。手近な面白い資材を見つけて生花をいけるようにマテリアルアレンジを楽しんでみてください。

マテリアルアレンジとは、自然的なマテリアル(=素材)から、加工したマテリアル(=資材)まで、色々なジャンルのマテリアルを使用して作るアレンジです。もともとフローリストの仕事だったものが、花以外の材料も使いアレンジするようになったものです。本書では、長期に楽しめるマテリアルの作品を"マテリアルアレンジ"としています。マテリアルは、広い範囲から選ぶため、今回、各章のタイトルに合わせてマテリアルを選んでいます。マテリアルの種類についてはP52-53を参考にしてください。

CONTENTS

マテリアルアレンジを楽しもう

Arrange アレンジ

Kitchen キッチン

Bijou work ビジューワーク

Picture ピクチャー

Decoration デコレーション

Christmas クリスマス

Wreath リース

Workshop ワークショップ

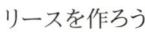

リースを作ろう

マテリアルの種類

マテリアルアレンジの店と教室

作品解説

あとがき

中谷薫子プロフィール

Arrange 1

Arrange

ドイツの友人のところに行った時のことです。日曜日のお昼にカジュアルな友人の誕生パーティーがあるからと、誘いを受け出席させてもらいました。友人たちが各々にご自慢の手製料理1皿を持ちよりお祝いするのです。それに加えて心のこもったプレゼント。手製のクッキー、ワイン、彼女の好きな薔薇の木、花束など、とてもアットホームで和やかなパーティーでした。
そういえば、土曜の午前中、友人のフラワーショップは大繁盛でした。およばれのプレゼントを求めるお客さんたちでしょうか？（ドイツでは日本とちがい日曜日はすべてのお店がお休みになります）彼女ひとりで注文を次から次にこなしていて、見ていても大変そうでした。
しかし、多くの場合の花束は、あらかじめドライなどの資材で束ねておき、そこに生花の花と葉を数本入れるだけで手早く終了！ドライと生花のちがったマテリアルの組み合わせは、私にとっては非常に驚きでした。しかも水分を嫌うドライと反対に水分を必要とする花材の組み合わせです。日本で学んだ時はまだ吸水スポンジだけにアレンジしていた頃だったので、生花とドライをアレンジすることはタブーでした。しかし、ここ数年前よりガラス管やチューブ管が使われるようになり、大きく可能性が広がりました。
この章は、友人の花束からヒントを得て、資材と生花やプランツの組み合わせのデザインを考えました。夏場など2日と持たない生花ですが、これなら大丈夫！マテリアルアレンジの中にガラス管が埋め込まれていて、いつも新鮮な生花やプランツに取りかえるだけで長く楽しめるのです。

Arrange 2

Arrange 3

Arrange 4

Arrange 5

Kitchen

海外に行くと、必ず市場やスーパーマーケットに立ち寄ります。その国その国の見なれない食材があり作品のヒントを得ることが多いのです。最近では日本の輸入食材の店でも色々な国の面白い食材を見つけることができます。イタリア食材で、色も形も変わったパスタを見つけました。イタリアンは料理としても大好物ですが、パスタは形や大きさ、色目が資材としてもとても魅力があり、作品に使うことにしました。日本の食材でも乾燥した昆布、しいたけ、豆などはマテリアルとして面白く使えます。

この章では食品、ドライの実、人工の果物や野菜など食をテーマにしたマテリアルを使ってみました。食品サンプルにならないようにきっちりとした構成を考えて作ります。器には日頃キッチンで使っている用品、色目の美しい食器、面白い形の鍋などにアレンジしてみてください。

材料を集める時、料理を作るようにイタリアンにしようか、和風にしようか、トロピカル？などとテーマを決めて、また、色目なども合わせて集めると、まとまりのある作品ができます。さぁ、美味しそうな作品作りをはじめましょう！

Kitchen 1

Kitchen 2

Kitchen 3

Kitchen 4

Kitchen 5

Kitchen 6

Kitchen 7

Kitchen 8

Kitchen 9

Kitchen 10

Bijou work

蚤の市の、店ばかりが並ぶ、ちょっと怪しげなパリのクリニャンクールで見つけたアクセサリーパーツの店。ここもまた怪しげですが、私にとってはおもしろい店です。衣装や装飾品から取り外されたと思われるアクセサリーパーツでいっぱいです。大きさだけで分けられていて色々な形がごちゃ混ぜになっている箱の中から、お玉1杯いくらで買います。何が入っていたかは、帰ってより分けないことにはわかりません。パーツはみな古いものばかりですが、カットが美しく私は満足です。

ビジューワークは、もともとブライダルの仕事として多く使われていたのですが、本書の出版にあたり、インテリアの小物として取り入れてみました。ブライダルでのビジューワークは、また別の機会があればご紹介したいと思います。

この章ではアクセサリーパーツ：ビーズ、カットグラス、ループ、カラーワイヤーなどの小さな材料を使ってデリケートな作品を作ってみました。器（ベース）がある場合、材料は正反対の色目を選ぶことと、部分的に装飾することで価値感が上がり、豪華に見えます。装飾した器は小物入れとしても使えるものもありますが、少しの花を入れる花器としても楽しめます。

Bijou work 1
壁飾り

Bijou work 2
蝋燭立て

Bijou work 3
円形の一輪挿し

Bijou work 4
ふたつきの小物入れ

Bijou work 5
ボールの器

Bijou work 6
ハンギング

Bijou work 7
白磁器の一輪挿し

Bijou work 8
貝の器

Bijou work 9
丸の一輪挿し

Bijou work 10
フォトスタンド

Picture

Picture 1
藁の習作

講師の仕事で、田んぼの中を通って専門学校に行っています。稲の成長を眺めながら毎週通っていると、自然の風景と稲の生命力に強く引かれ、また癒されます。初夏に一面柔らかな緑で弱々しい苗だったものが、秋に穂をつけ黄金色に変わった時、今年も良くがんばったね！とエールを送りたくなります。昔は私の住む大阪市内にも田んぼが残っていたのですが、今では土を探すのでさえ難しくなりました。大きな田んぼの光景を見るとホッとするのは私だけでしょうか？
今回作品で表現したかったのはノスタルジックな日本でした。最初、ピクチャーに取り組んだときは、ヨーロッパの華やかな文化に触れ、マテリアルも色目のあるものや、装飾的なものを使用することが多かったように思います。しかし、制作を重ねるうちに日本をイメージしたマテリアルでピクチャーを表現したいと思うようになり、結果として選んだものは自然素材でした。
失われていく日本の文化や自然を懐かしんで制作したものです。
この章では、風景からインスピレーションを得た絵画的な作品や、生花をいけるように平面上に構成した作品、また、造形の一部にピクチャーを組み入れた作品など、アイデア次第でどんどん広がりを持つ作品を紹介します。絵を描くようにしっかりとデザインを考えてから作品を組み立ててください。壁に飾る平面的な作品なので使用する材料はあまり重くならないものを選んでください。

Picture 2
藁の中

Picture 3
収穫

Picture 4
川の流れ

Picture 5
大河

Picture 6
大地

Picture 7
つるの中の調和

Decoration

私の長年取り組んでいる作品に、デコレーションがあります。ちがった素材や資材と生花を組み合わせてひとつの造形としての制作することに興味を持ち、色々な組み合わせを試みてみました。

花1本ずつはすでに完成された美しさを持っているので、マテリアルと組み合わせることにより、花本来の美しさからは遠のいてしまいます。しかし、1つの造形として見た場合、花をモチーフの一部として取り入れることにより、全体の美しさの中での花を表現することができます。

ですからベースとなる造形は、あまり装飾性のない資材が向いています。あくまでも主役は花なのですから…。

もちろん、花は作品のテーマ性にあった花材を選ばないと全体の統一感がなくなってしまいます。花の持つそれぞれの個性に注意を払い選びます。花は取りかえることができるので、季節ごとに変えて四季を通じて変化のある作品を楽しむことができます。

本書「マテリアルアレンジ」の中で使用されているプランツや生花は、素材の一部として、資材とともに作品に組み込んで使っています。考え方は他のマテリアルと同じように「選択→組み合わせ→組み立て→完成」の順で作品を制作すればよいのですが、生花なので必ず吸水口の確保に注意してください。

Decoration 1

Decoration 3

Christmas

日本のクリスマスも、近頃はにぎやかになってきました。しかし、ヨーロッパの人たちのクリスマスに対する意気込みには驚かされます。ヨーロッパではクリスマスの4週間前ともなると街中がクリスマス一色に！私の好きなドイツ国境沿いのフランスの街も、日頃はのどかな街なのに、この約1ヶ月間は世界中の観光客が訪れるため街は一変してにぎやかになります。色とりどりの三角屋根の小さくてかわいらしい屋台が街の広場のいたる所にたち並び、朝から夜まで多くの人たちでにぎわいます。凍てつくようなこの時期に、白い湯気のたつ温かな赤ワインを飲みながら、一軒ずつ屋台を覗きこみ、クリスマス用品を物色するのはクリスマスマーケットならではの光景でしょう。

また、裏通りに入ると真っ白な天使が舞っていたり、サンタが窓辺によじ登っていていたりと、観光客を楽しませてくれるユーモアたっぷりの装飾が、いたるところに見られます。

ここ数年前より、ヨーロッパのクリスマス資材は明るい色目になってきています。伝統的な色合いの赤、緑、茶、白、金などの色目は定番ですが、陽気なフランスのフラワーショップでは、ピンク、オレンジ、黄緑、黄色などの本来とはちがった色のクリスマスの商品も見られます。この章では、クリスマスの伝統的な色目や形にとらわれないオリジナリティな作品のデザインを考えました。何よりもクリスマスの作品作りの好きな私にとっては、どの作品よりも派手で豪華に楽しくお祭りのような作品ばかりを作りました。

Christmas 1
不安定な三角錐のアレンジ

Christmas 2
リースのアレンジ

Christmas 3
クリスマスの花束

Christmas 4
チューテの飾り

Christmas 5
ピクチャー

Christmas 6
三段リースのアレンジ

Christmas 7
リースの中の花束

Christmas 8
高さのあるブーケ

Christmas 9
キャンドルスタンド

Christmas 10
星のオーナメント

Christmas 11
テクスチャーの異なったオーナメント

Wreath 1

Wreath

映画やニュースで、お墓にリースを飾るシーンを見たことがあると思います。もともとリースは宗教色の濃い色の装飾品でした。紀元前1000年前よりヨーロッパではお葬式に死者の供え物として使われていました。永遠の生命を意味し、終わりのない始まりを意味します。今日では、リースもインテリアとして一般的に飾られるようになりました。
この章では、円形という同じ形の中で、構成を変えてどれだけ変化のあるリースが作られるのか試してみました。材料は自然素材と人工資材をはっきりとわかるように分けて作品を作っています。もちろん材料を選ぶとき、自然素材と人工資材とを混ぜて選ぶこともできます。
巻末には簡単に作れるリースをご紹介していますので、自分の好きな材料を選んで楽しみながらチャレンジしてみてくださいね!

人工資材
Artificial material

Wreath 2

Wreath 3

Wreath 4

39

Wreath 5

Wreath 6

天然素材
Natural material

Wreath 7

Wreath 8

Work shop

花屋さんでアレンジをお願いして、できあがったアレンジにがっかりした経験はありませんか？「とてもすてきな花屋さんだな。花もたくさんそろっていているからきっと自分の希望どおりに作ってもらえる」と思ったのに、できあがったアレンジは思い描いていたものではない、そんな経験あるでしょ！？「花屋さんがどれぐらいのデザイン力と技術力があるのかを知るために、いつも多くの商品がディスプレーしてあればよいのに」と思ったのは私だけでしょうか？生花でなくても、マテリアルアレンジの商品が飾ってあればその商品を見てその店のデザイン、技術、コンセプトがわかるでしょ。

ワークショップの章では、花屋さんや教室の各々のコンセプトを知っていただくために、オリジナルなマテリアルアレンジメントを紹介します。ヨーロピアンデザインは、作品を美しく見せるための考え方です。生花であっても、マテリアルであっても美しさの考え方は同じです。デザインの理論をしっかり身につけて、多くの経験、技術、アイデアを縦に横に組み立てていけば、デザインの可能性が広がっていきます。私の教室、フルリールで同じようにヨーロピアンデザインを学んだ人でも、アイデアや各自の好むマテリアル、色目、構成などの組み立て方でオリジナリティ豊かな商品が生まれました。お気に入りの商品、花屋さん、教室を見つけてください。巻末にお店と教室を載せています。

ディスプレー

ピクチャー

山田如月
kisaragi yamada

Work shop

オーナメント

ウエディングドレス

舘内ミカ
mika tateuchi

ビジューワークの器

アレンジ

小出まり
mari koide

Work shop

アフタヌーン

ポプリ

吉川喜久子
kikuko yoshikawa

桐の装飾

小谷陽子
yoko kotani

優雅な鏡

47

Work shop

ギフト

ビジューの小箱

古川隆
takashi furukawa

リースを作ろう
Let's make the wreath

美しいリースを作るには、
外輪と内輪のバランスをとることが必要です。
材料、色目によって多少比率がちがってきますが、
美しいリースを作るための比率の目安は、
リース全体の直径に対し
1／2〜1／3の内輪を持つものとされています。
また、時計回りに作ることにより、視覚的に安定し、
美しく感じるとされています。

1

2

使用道具

スプレーのり、木工用ボンド、
はさみ、ワイヤー、
グルーガン、カラーワイヤー

使用材料

◎シサル麻

◎発砲スチロールの台、または、
つるリース

◎あまり高さの出ないフェイク
フルーツ、またはアートフラワー、
プリザーブ資材

◎全体の色目に合わせた材料・
資材は幅が広いので、自然的
な素材を中心にするのか、人
工的な資材なのかを考えたう
えで集めてください。色目やテー
マを決めて選んでも良いです。
「マテリアルの種類」P52—53
を参考にしてください。今回の
材料は人工的なマテリアルの
フェイクフルーツが中心です。

tool

material

How to make

作り方

1. リースにシサル麻を巻く
2. スプレーのりで固める
3. ツーループのリボンを作り、別の細いひもで留める
4. 材料は1/4に分けておく
5. 必要なマテリアルにはワイヤリングをする。ワイヤーの足は、2〜3cmに切る
6. まず1/4の材料を1/4の部分にグルーガンで留め、リボンは中心に配置する
   ＊材料は集中させず、バランス良く配置する
7. これでリースの半分ができあがり
8. 同じように3/4〜4/4まで材料を配置する
   材料は内側、外側にも配置すること
   （注）表面にグルーが出てこないように注意

リースを作ろう
Let's make the wreath

自然素材

人間が手を加えていない
そのままのマテリアル

植物、花、果実など

枝、木、つる、
ドライリーフなど

羽、石、貝、
サンゴ、ヒトデなど

木の実、
天然のドライなど

自然素材の風合いは残っているが
少し手が加わったマテリアル

着色、又は脱色したマテリアル
◎プリザーブ
◎ドライ
◎木・枝
◎貝　など

削った、又は形作ったマテリアル
◎木の玉
◎石　など

加工資材

素材は自然ではあるが加工され
異なったマテリアルになったもの

ガラス、ビーズ、リボン、ループ、
カラーワイヤー、カピス、布花など

本物に似せて造形したマテリアル
（人間が造り出した素材）

果実・実・花のフェイク、ビーズなど

人工資材

人間が造り出した形
幾何学的な形

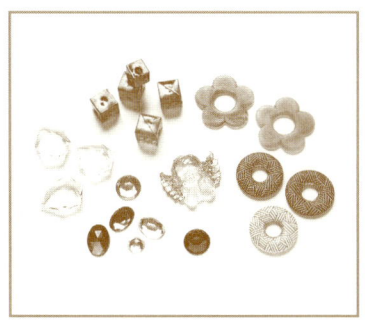

プラスチック、アクリルなど

マテリアル の 種類
Kind of material

マテリアルアレンジの店と教室
Shop and classroom of material arrangement

ART FLORAL フルリール
スクール
ネットショップ

初心者からプロまで納得の授業内容で夢をサポート
【主宰】中谷薫子
【住所】〒550-0014 大阪市西区北堀江1-1-27 イマイビル9F
【TEL】06-6536-0670　　【FAX】06-6536-0677
【E-mail】Kaoko.Nakatani@mb7.seikyou.ne.jp
【URL】http://www.art-floral-fleurir.com

アトリエ ブランシェ
スクール
生産販売

生花、プリザーブ、アートフラワーを使ったアレンジ、ブーケと押し花の受注生産販売
【主宰】吉川喜久子
【住所】〒661-0035 兵庫県尼崎市武庫之荘6-24-11-304
【TEL & FAX】06-6436-4145

フローリスト 花まうあ
ショップ
スクール

薔薇の切花中心にマテリアルアレンジ、ミニ観葉のアレンジなども扱ったパリ風の店
【主宰】古川隆
【住所】〒566-0011 大阪府摂津市千里丘東2-10-1 JR千里丘駅東口前フォルテ摂津1F
【TEL & FAX】072-625-3787
【E-mail】Info@hanamaua.com , maua@myboom.jp
【URL】http://www.hanamaua.com/

撮影協力店舗

日本と韓国の美意識を融合させたギャラリーカフェ
◎**素夢子・そむし**
【住所】京都市中京区烏丸三条西入　【TEL】075-253-1456　【FAX】075-253-1595　【URL】http://www.somushi.com

自然派三世代共生住宅　プロヴァンス
◎**パナホーム株式会社　大阪支社**
【住所】大阪市浪速区難波中2丁目8　【TEL】06-6649-8746

住まいの立体カタログ、マイホームの御手伝い
◎**なんば住宅博**
【住所】大阪市浪速区難波中2-8　【TEL】06-6632-3100　【URL】http://www.jutakuhaku.co.jp

ファミーユ
ショップ / スクール

自然素材のデザインでプランツ、マテリアル、生花を中心に商品展開、田園風の店
- 【主宰】小谷陽子
- 【住所】〒551-0002 大阪市大正区三軒家東1-18-19　JR、地下鉄・鶴見緑地線 大正駅前
- 【TEL & FAX】06-6555-2857
- 【URL】http://www.zendc.com//famille

フェブリエ
ショップ

日本で初めての生花とマテリアルのショップをオープン、常に時代を先取りしたフラワーショップ
- 【主宰】山田如月
- 【住所】〒604-8166 京都市中京区三条通り烏丸西入ル御倉町79 文椿ビルジング1F
- 【TEL & FAX】075-231-2287
- 【URL】http://www.fevrier-2.com

フルロン
スクール

癒しの空間で学べるフラワーデザインスクール
- 【主宰】舘内ミカ
- 【住所】〒650-0012 神戸市中央区北長狭通2-6-6 ヤナセビル6F
- 【TEL & FAX】078-333-0987
- 【E-mail】fleuron@nifty.com
- 【URL】http://www.fleuron.jp

有限会社 ラ・パルテール
ショップ / スクール

モダン、エレガントをベースに季節感の花のアレンジ
- 【主宰】小出まり
- 【住所】〒653-0038 神戸市長田区若松町5-5-1 大丸新長田店1F
- 【TEL & FAX】078-643-3992
- 【E-mail】Parterr@luck.ocn.ne.jp

◎ANNE SHIRLEY
- 【住所】京都市中京区堺町通三条上ル690-2　【TEL】075-213-2488　【FAX】075-213-2480
- 【URL】http://www.anneshirley.jp

花と緑に関するあらゆる文化の実践教育を学べる専修学校
◎学校法人 伊東学園 大阪テクノ・ホルティ園芸専門学校
- 【住所】大阪府富田林市中野町2丁目518-2　【TEL】0721-24-5147（代）　【FAX】0721-25-0726
- 【URL】http://www.ito.ac.jp/

作品解説

アレンジ　　　P4—7

1 リースの花束に木の実やフェイクフルーツ、その上に斑入りのアイビーを絡める。高さを強調するためにアイビーを流す。

2 つるをベースにトーンの低い色目のマテリアルとプミラで制作。アンティークなイタリアン家具に合う。

3 ビジュー、ペーパーフラワー、プリザーブ、フェイクフルーツ、プランツと色々なマテリアルで制作。

4 金の枝にフェイクフルーツやプリザーブをアレンジ。プランツは斑入りのアイビー。

5 夏をテーマに貝、ヒトデなどの海の素材とワイヤープランツ、グリーンネックレスを用いて。

キッチン　　　P8—13

1 ピザ台に木の実のドライやフェイクフルーツのマテリアルを使い、一方向に動きを出した構成。

2 一人用の鍋が面白く思いアレンジをした。高低をつけ右回りに構成。

3 フライパンに形や質感の面白い木の実をアレンジ。

4 ワイングラスは透明なのでカラーフォームをベースにアレンジ。

5 スフレの食器にフェイクフルーツをアレンジ。つるを入れることにより、動きが出た面白い作品になる。

6 白い皿に黄色、オレンジ、赤などの小さなマテリアルをアレンジ。

7 マテリアルをすくい上げるようなイメージで。

8 泡たて器と7のお玉はほとんど同じマテリアル。構成によってこれだけ異なった作品ができる。

9 形の異なった木の実を使い、四角の花器に合わせ形を表現。

10 ザルの美しい網目に合わせて、マテリアルも回転しながら構成。

ビジュワーク　　　P14—19

1 壁飾り／透明感があるので、光の通る場所や窓辺などに飾ると美しい。

2 蝋燭立て／アンティークな色合いのマテリアルで制作。

3 円形の1輪挿し／花器の上部の平らな部分に装飾をしている。ベースが緑なので対比する色のマテリアルを使用。

4 ふたつきの小物入れ／器に金の飾りがあるので、それに合わせて同系色のマテリアルを選ぶ。

5 ボールの器／大きな器に装飾する場合、小さな部分に装飾した方が花も器も引き立つ。

6 ハンギング／ガラス管の周りに装飾。少し強い色目のマテリアルを使用した方が引き立つ。

7 白磁器の1輪挿し／真っ白なので、色目によって異なったイメージの作品が可能。

8 貝の器／ガラス粉をかけたアートフラワーと、ロマンチックな色目のマテリアルで貝の周りを装飾。

9 丸の1輪挿し／花器の周りをカラーワイヤーとマテリアルで装飾したもの。小物入れとしても使える。

10 フォトスタンド／カラフルな色合いのマテリアルを使い、かわいらしく制作。

ピクチャー　　　P20—24

1 藁の習作／田の中に無造作に束ねられた藁からインスピレーションを得た作品。

2 藁の中／同じ藁でも1〜3はどれも質感が異なっている。それぞれ、渦巻く、くねる、斜めの線で構成。

3 収穫／実った穂などの穀物、ドライなどのマテリアルで秋の光景を表現。

4 川の流れ／多くの形、色、大きさの異なったマテリアルを使用。

5 大河／面白い質感の和紙を見つけて、あたかもマテリアルが流れているように構成。

6 大地／自然から与えられたマテリアルを使い、生命感のある作品に仕上げた。

7 つるの中の調和／中心の半円の飾りを左右対称のキウイのつるで支えている。

| デコレーション | P25—28 |

1 プリザーブのレモンリーフにゴールドの色をかけ、下の花器に関連を持たせた。淡い色目の薔薇とアイビーを入れることにより、左右対象形の硬い形がロマンチックな作品となった。

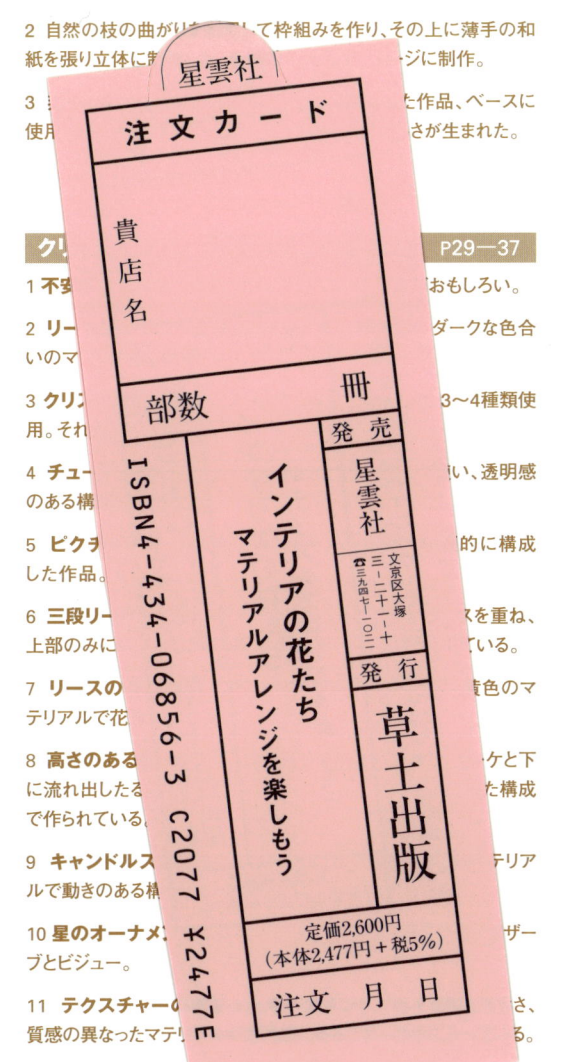

2 自然の枝の曲がりを生かして枠組みを作り、その上に薄手の和紙を張り立体に製[...]ージに制作。

3 [covered by card]

| クリ[...] | P29—37 |

1 不安[...]おもしろい。

2 リー[...]ダークな色合いのマ[...]

3 クリ[...]3〜4種類使用。それ[...]

4 チュー[...]い、透明感のある構[...]

5 ピクチ[...]的に構成した作品[...]

6 三段リー[...]を重ね、上部のみに[...]ている。

7 リースの[...]黄色のマテリアルで花[...]

8 高さのある[...]ケと下に流れ出した[...]構成で作られている[...]

9 キャンドルス[...]テリアルで動きのある構[...]

10 星のオーナメ[...]ザーブとビジュー。

11 テクスチャー[...]さ、質感の異なったマテ[...]る。

注文カード

星雲社

貴店名

部数　　冊

発売　星雲社
文京区大塚
三—二十一十
三九四七一〇三三

発行　草土出版

インテリアの花たち
マテリアルアレンジを楽しもう

ISBN4-434-06856-3 C2077 ￥2477E

定価2,600円
（本体2,477円＋税5％）

注文　月　日

| ワークショップ | P42—48 |

■フェブリエ　山田如月
ディスプレー／ドライやアートフラワーなどのマテリアルで、戯れたように制作。

ピクチャー／美容室の依頼で制作。マテリアルに櫛や髪飾りが使われている。赤毛のアンからのヒントを得て、素朴さやぬくもりを表現。

■フルロン　舘内ミカ
ウエディングドレス／上部は多種類のプリザーブを編みこんで作成。

オーナメント／異なった線のマテリアルで土台を作り、ポイントにプリザーブドフラワーを装飾。

■ラ・バルテール　小出まり
ビジューワークの器／大きな花器にエレガントなビジューワークを小部分装飾、この器には装飾的な花が似合う。

アレンジ／両側に唐草の金の金具を木の土台に装着して、マテリアルに植物のアイビーを使用。

■アトリエブランシェ　吉川喜久子
アフタヌーン／プリザーブなどのマテリアルを使用。

ポプリ／手前はクッション、奥は巾着袋に。上部にプリザーブや羽、ビジューで装飾。

■ファミーユ　小谷陽子
桐の装飾／桐の木に流木などの自然なマテリアルを使って装飾。

優雅な鏡／ドライとビジューのマテリアルで女性好みの装飾に。

■花まうあ　古川隆
ギフト／若い女性や子供さんへのプレゼント用。

ビジューの小箱／上部に装飾があり、中に小さなプランツが入っている。小物入れとしても使える。

あとがき

十数年前、初めてフランスのランジス市場で、色とりどりのマテリアルの山を見たときの私は、まるで子供がおもちゃの店に入ったようなはしゃぎ様でした。当時、恩師であるギ・マルタン氏の持つマテリアルショップで、同級生達とデモンストレーションを行っていました。店のトレンドなマテリアルを使い、クリスマス商品を作ることはとても楽しい仕事でした。

私はいつもマテリアルを探すとき、どんなものと組み合わせようかとワクワクします。生花のアレンジとはちがった楽しみがあり、マテリアルの選択により表現の幅が広がるのでいつも目を光らせています。日常の生活の中や、旅行先で見つけたもの（貝殻、流木、枝、実など）も思い出と共に作品に使ったりします。

今回、マテリアルアレンジを知っていただくために、色々なジャンルの材料を組み合わせました。どんな作品ができあがるだろうと、本人自身が楽しみながら作ったものを出版することなり、多大なご協力をいただいた方々に深く感謝いたします。

思えば昨年に乳癌が見つかり、気持ちも体も落ち込み、抗がん剤の苦しみから逃れるために病院のベッドの上で描きはじめたのが、本書の作品の元となったデザイン画でした。それがたまった時、生きる目標を持ちはじめたのです。今までの仕事を何かの形として残したいと考えました。ちょうどそのころ、生徒の一人がマテリアルアレンジとフラワーショップの店を開店しました。来店するお客様も商品を見ているだけで楽しめて、作る人達も楽しみながら作り、それを仕事にする。私達が理想としていた店作りでした。

私がフランスで初めてマテリアルアレンジを知った時の楽しさを、この本を手にとっていただいた方にも感じていただければ嬉しく思います。いつも励まし応援してくれた生徒、友人、家族にも感謝の意を表します。

ICFDディプロマ

ICFD
international creative floral design

新しい時代のフラワーショップやレッスンプロを目指すデザイナーのためのICFDディプロマです。このディプロマは、高い水準のデザイナーであることを証明します。私たちは生花にとどまらず、マテリアルをも含んだ新しい形のデザインを提供します。優れた技術力とオリジナルなデザインで常に時代を先取りするフローラルデザインを目指デザイナーです。

中谷薫子
nakatani kaoko

関西女子美術短期大学(現:宝塚造形芸術大)卒業、
フランスCIFAF(ギ・マルタン主宰)国際科卒業
フラワー装飾技能士1級、NFD本部講師、フラワー装飾職業指導員
テクノ・ホルティ園芸専門学校非常勤講師、数々の賞取得
Art Floral Fleurir(フルリール)主宰

CIFAFディプロマ取得後、大阪帝人ホールにて恩師ギ・マルタン氏のデモンストレーション企画、演出、商業用ポスターやパンフレットのスタイリストとしても活躍、朝日テレビ「おはよう発信基地」にて花のコーナー担当をする。ランジス(フランス)、来来シェラトンシェラトン(台湾)、大阪国際会館など国内外でデモンストレーション、フラワーショップや資材店のディスプレーなど手がける。また、若いフローリストや新しい形のフラワーショップを目指すフローリスト、高度な技術、デザインを目指すデザイナーを育成している。

＊「マテリアルデザイン」の商品はインターネットにて販売しております。又各店舗、教室などもホームページでご案内しております。
ホームページアドレス
http://www.art-floral-fleurir.com

＊本に関するお問い合わせ
メールアドレス　Kaoko.Nakatani@mb7.seikyou.ne.jp

インテリアの花たち
マテリアルアレンジを楽しもう

定価（本体2,477円＋税）
平成17年9月30日　第1刷発行

著者	中谷薫子
発行人	白澤照司
発行元	株式会社草土出版
	東京都新宿区下落合4-21-19目白LKビル　〒161-0033
	TEL 03-5996-6601　FAX 03-5996-6606
発売元	株式会社星雲社
	東京都文京区大塚3-21-10　〒112-0012
	TEL 03-3947-1021　FAX 03-3947-1617
編集	杉本佳江
撮影	金井勝
装丁・デザイン	神矢佑子（シエル・カンパニー）
印刷	図書印刷株式会社

ⒸKaoko Nakatani ＋ Sodo Publishing 2005 Printed in Japan
ISBN4-434-06856-3　Ⓒ禁無断転載複写